RECHERCHE

MEILLEUR SYSTÈME

DE GOUVERNEMENT,

Par Edouard TOURNIER.

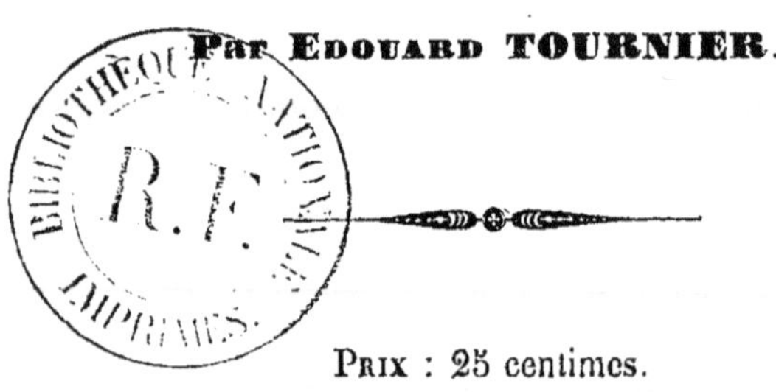

PRIX : 25 centimes.

RODEZ,

Imprimerie de RATERY, rue Neuve.

(Avril 1851).

RECHERCHE

SUR LE

MEILLEUR SYSTÈME DE GOUVERNEMENT.

Lorsqu'une nation est en proie aux commotions politiques, a-t-il été dit, il est du devoir de tout citoyen de travailler, selon la mesure de ses facultés, dans l'intérêt du bien commun.

Eh bien! aujourd'hui la France se trouve dans cette situation. Elle est livrée aux secousses politiques. Elle est dans une agitation fébrile et le chaos semble être sous ses pas : conséquences du nombre d'opinions et de doctrines diverses qui surgissent de son sein.

Dans cette conjoncture voit-on tous les citoyens empressés à faire ce qui est en eux pour amener la sécurité et la prospérité? Oh non! Un grand nombre s'évertue dans un but contraire. Ces malheureux enfants de la France semblent avoir pris à cœur de la conduire à sa ruine. L'intérêt de la nation ne paraît guère les occuper ; on ne les voit travaillés que du soin de servir leur ambition ou leur intérêt personnel. Des passions mesquines, quelquefois basses, tiennent la place des grands et nobles élans patriotiques, du dévoûment au bien de tous. — On marche par coterie ; on se repaît de chimères. La duplicité des partis étonne et décourage : on est parfois tenté de craindre qu'avec de pareils éléments il ne soit plus possible d'arriver à une solution satisfaisante.

Il n'est plus temps de se faire illusion. Le danger est imminent. Si les partis ne renoncent incessamment à leurs prétentions déraisonnables, il faut s'attendre à un horrible conflit, dont nul ne peut prévoir le terme. — Ceci n'est pas une assertion hasardée ; chacun, en réfléchissant sur la situation, ne peut voir que cette malheureuse perspective.

L'année 1852 approche. Des questions graves vont être traitées. En vue de cette époque décisive, on doit faire appel à tout cœur loyal et juste pour concourir à l'intérêt commun et au salut du pays. Chacun doit aujourd'hui se recueillir et méditer dans le calme et la raison, afin de se tracer la ligne de conduite qu'il aura à suivre dans la lice qui s'ouvrira bientôt. Il ne s'agit pas de peu de chose, mais de l'avenir des Français. L'indifférence dans ce moment-ci serait coupable. Tout citoyen doit faire connaître consciencieusement ce qu'il croit utile et juste.

C'est par cette considération que je vais exprimer ma pensée :

Supposons-nous sans gouvernement et examinons quel est celui qui peut le mieux convenir à la France et à l'époque actuelle.

Sans contredit, le gouvernement le plus simple, le plus naturel, le plus conforme à la raison, pour tous les pays, pour tous les hommes, est le gouvernement démocratique. Essayons de le démontrer :

Prenons d'abord une société à sa naissance. Voilà une certaine multitude qui jusques-là vivait sans ordre, éparse çà et là, chacun isolé des autres, et qui enfin ayant compris les douceurs et les avantages d'être réunis en société songe dès-lors à s'y organiser. Il est clair que chaque individu veut émettre son avis ; tous veulent concourir à la nomination de ceux qui seront chargés de l'administration. Voilà le suffrage universel qui se présente naturellement et invinciblement. — On nomme des législateurs chargés de faire des lois qui favoriseront également les sociétaires. Tous auront part aux avantages qui découleront de bonnes institutions. On nomme des gouvernants qui seront soumis aux lois et ne pourront jamais s'en écarter. Tout émanera de la loi, et tous les citoyens, sans autre distinction que le mérite, seront appelés aux diverses dignités, aux divers emplois que nécessitera l'organisation de la société. En un mot, la loi, faite par tous et pour tous, la loi, libre expression de la volonté générale, seule prévaudra : — Voilà la Liberté et l'Egalité. — Les membres de cette société qui étaient, avant son établissement, comme étrangers les uns aux autres, par cette réunion (en supposant qu'il n'y ait pas d'ailleurs d'autres motifs) se considèrent comme enfants de cette grande famille et, voulant s'aider mutuellement, inscrivent dans leur constitution, à la suite des mots: Liberté, Egalité, celui si sublime de Fraternité.

Après nous être entretenus d'une société quelconque à son berceau et avoir vu que, par une pente naturelle et par l'exercice de la saine raison, elle arrivait à un gouvernement démocratique, voyons si la société française n'a pas commencé ainsi.

Nous remarquons dès l'origine le peuple, les guerriers nommer leurs chefs, choisir des hommes capables de les conduire au combat. — Après leur nomination ils étaient élevés triomphalement sur le pavois par ce peuple qui les plaçait ainsi à sa tête.

Si nous étudions l'origine de toutes les sociétés, de tous les Etats, nous les verrions forcément, sauf quelques rares exceptions, établir leur organisation par ce même moyen. Mais, dans la suite, le peuple inattentif pour ses intérêts laisse naître des abus : il ne prévoit pas qu'en permettant que le pouvoir passe à la postérité de ceux qu'il a élus, il semble renoncer au droit de choisir, toujours dans son sein, ses gouvernants ; et insensiblement par son inertie il se laisse persuader par les habiles, qu'il est d'une race inférieure tandis qu'eux sont des êtres privilégiés nés pour la domination et pour asservir les masses.

Le peuple tombe ainsi victime de l'erreur, de l'arrogance et de l'usurpation. Il résulte de cette indifférence, de ce funeste oubli du droit, que le pouvoir qui, par le libre choix des citoyens, aurait été confié au mérite, se trouve déféré, par l'aveugle hasard qui agit dans le régime héréditaire, souvent à une impéritie complète ou à une odieuse tyrannie.

Ainsi la monarchie, en divers temps, nous a donné pour rois des fainéants, des idiots, des fous, des tyrans, des parricides, que sais-je ! Tous les crimes, les plus noirs forfaits ont figuré sur les trônes, et il est triste de reconnaître que là plus que partout ailleurs ils se sont montrés en nombre.

Par ce rapprochement de ces deux modes de gouvernement il est facile, à quiconque est de bonne foi, de se prononcer sur le meilleur. Mais malheureusement on n'en rencontre pas assez de bonne foi.

L'époque que nous traversons est féconde

en bonnes leçons ; les hommes s'y font connaître ; on voit le mobile qui les guide. Une
des choses qui étonne le plus, c'est qu'on re-
marque les soi-disant hommes d'ordre, modé-
rés, provoquer de nouvelles révolutions pour
servir leur parti. Désormais il ne sera plus
permis de crier contre les révolutionnaires à
ces messieurs qui ne sont rien moins que révolutionnaires. Ils nous montrent ainsi qu'ils
ne redoutent les changements qu'autant qu'ils
leur sont défavorables et que lorsque leurs intérêts s'y rencontrent ils ne craindraient pas,
s'il le fallait, de mettre leur pays à feu et à
sang. Evidemment ils n'aiment pas l'ordre pour
l'ordre. — Il leur sera peut-être fâcheux d'être
appelés révolutionnaires ; mais aussi pourquoi
chercher par leurs actes cette épithète? Pourquoi, depuis déjà longtemps, voyons-nous
surgir de la tribune et de la presse des provo-
cations à la rébellion? Pourquoi toutes ces tra-
mes ourdies en plein jour contre les institutions démocratiques? Que de choses inconsti-
tutionnelles et illégales ne se sont pas dites à
l'occasion de la loi du 31 mai! Citons un pas-
sage, pour échantillon, extrait du journal
l'*Assemblée nationale* :

« Mieux vaut donc aller droit à une grande
» organisation électorale ; faites-la *dans ou*
» *en dehors* de la Constitution, la France

» ne s'en inquiète guère, pourvu que la so-
» ciété soit sauvée. »

Que sont ces paroles, qu'un appel à l'insu-
bordination, à la révolte? Qu'importe que vous
les revêtiez d'un caractère spécieux? Si vous ne
tenez aucun compte des lois, vous n'êtes autre
chose que des apôtres d'instabilité et d'anar-
chie, car chacun peut à l'appui d'arguments
spécieux chercher à renverser tout ce qui le
gêne, ne reconnaissant, d'après votre principe, d'autre droit que celui de la force ou de
l'habileté.

Eh! si l'on avait craint sérieusement les révolutions, dans ces temps derniers, certains
actes..... ne se seraient pas produits; on se serait bien gardé, par exemple, de toucher au
suffrage universel, qui est à la fois la base naturelle de l'organisation sociale et là véritable
clef de voûte de l'édifice.... — Avec cette insti-
tution nul ne peut trouver aucun motif de
plainte : Le peuple s'est-il trompé dans le choix
de ses gouvernants, de ses législateurs? il se
ravise pour de prochaines élections; peu à peu
il finit par apprécier les hommes à leur juste
valeur et indubitablement par l'exercice de ce
principe, à tout jamais vrai et juste, il se donne
les meilleures lois et le meilleur gouvernement
possibles.

N'allez pas nous dire qu'avec la masse du
peuple on ne peut arriver à de bons résultats

dans les élections, car votre assertion serait injuste et peu logique. Il est vrai que parmi le peuple on trouve des hommes pervers; mais, est-ce que la perversité ne se montre pas dans les classes élevées, parmi les grands de toute caste? Est-ce que l'assassin duc de Choiseul-Praslin était un homme du peuple?.... Et les ministres voleurs, Teste, Cubières et Compagnie étaient-ils des prolétaires?..... — Je ne parle que de ceux-là parce que c'est de l'histoire toute moderne, des faits d'hier, encore pour ainsi dire palpitants. — Combien y en a-t-il qui, avec leur influence, voilent leurs crimes!.... Combien y en a-t-il qui, sous des dehors honorables, exploitent le peuple, commencent et accomplissent la ruine des petits; mais à la vérité ils le font sans bruit, sans éclat, tandis que le peuple, lorsqu'il se rend coupable, ne sait pas si bien se cacher.

Cessez donc de déclamer contre le peuple : si le rideau pouvait tomber et qu'on pût comparer!!!.... Croyez-moi, plutôt que de mépriser et de dénigrer les petits, il serait bien meilleur et plus avantageux de leur fournir de bons exemples. — Savez-vous pourquoi le peuple romain était si grand, si fort sous la République? Parce qu'il était vertueux. Et savez-vous pourquoi il était vertueux? Il l'était principalement en raison des bons exemples qui partaient d'en haut. Voyez-vous même ces sénateurs méprisant les richesses, la mollesse et tout ce qui tend à énerver et à corrompre? Les voyez-vous honorer la vertu, la justice et le vrai mérite?—Ce qui guidait surtout les Romains, c'était l'amour de la patrie et de la liberté. La pauvreté n'était pas chez eux un opprobre; on n'était pas privé du droit de citoyen parce qu'on n'était pas fortuné, parce qu'on avait des mains calleuses!.... Mais aujourd'hui les choses sont changées. La vertu fait peur; la dissolution règne principalement dans les classes élevées et arrive de là au peuple, qui aime à imiter; et s'il lui reste encore un peu de vertu, on le ridiculise!.... Oh folie!! Ne semble-t-on pas lui faire un crime de son travail, en disant que des hommes aux mains calleuses ne doivent point être admis à participer aux choses relatives à l'Etat? Des journaux anglais ont dit cela; des journaux français l'ont au moins répété. Ils ont sans doute oublié l'histoire, ces misérables qui s'expriment ainsi! car ils sauraient, par exemple, que les sénateurs romains, eux-mêmes, quittaient les travaux des champs, le labourage pour aller commander les armées ou pour se rendre aux conseils.—Et en Grèce...., pour n'en citer qu'un qui se distingue parmi tant d'autres célébrités, le magnanime Epaminondas ne dédaignait pas de travailler de ses propres mains. — Nous pourrions citer d'autres exemples qui seraient plus frappants encore; mais nous nous bornons à ceux-là. — Des mains calleuses... Etesvous bien venu à mépriser les mains calleuses? Savez-vous pourquoi il existe des mains calleuses, épaisses, noircies, déformées?... Parce que sans cela vous seriez dans un entier dénuement de toute chose. Sans elles vous mourriez de faim ou de froid, car ce sont elles qui produisent ce qui est nécessaire à votre existence, et même ce qui contribue à vos plaisirs. — Voyez-vous ce laboureur qui subit les intempéries de l'air en sillonnant la terre qui doit, par un rude travail, fournir à votre subsistance? Voyez-vous ce maçon à l'aube du jour qui, bravant l'humidité et la froidure, tandis qu'encore vous êtes mollement couchés, remue avec des mains crevassées par la fatigue, la pierre raboteuse et glacée qui doit bâtir votre demeure! La douleur l'étreint plus d'une fois; mais il se résigne. Et ce charpentier, et ce couvreur et tant d'autres qui sans cesse sont exposés à perdre la vie, toujours en se rendant utiles à leurs semblables! Et ces malheureux mineurs qui sont voués à vivre continuellement dans les ténèbres, à être privés de la douceur, des délices du soleil bienfaisant! Et encore tant de victimes exposées, soit à un feu qui les dévore et les dessèche, ou à un genre de travail qui amène bientôt la cécité ou abrège leurs jours! Nous ne finirions point si nous voulions parler de tous les genres de travaux qui entraînent après eux la peine et la souffrance. Et cependant tous les hommes qui y trouvent leur occupation concourent à l'utilité commune : le dirai-je, au bien-être, aux jouissances d'hommes paresseux, inutiles, qui ne s'occupent de leurs laborieux frères que pour leur jeter l'amer dédain : car ils ont des vêtements grossiers et des mains calleuses !.... Oh ! hommes bouffis de fatuité ! devenez donc raisonnables, et serrez avec une expression de bienveillance et de reconnaissance ces mains laborieuses auxquelles vous devez tout.

—Espérons que désormais on rentrera dans le vrai, dans l'équité, qu'on ne viendra plus, par exemple, au centre de la civilisation, dans un pays essentiellement chrétien, qualifier le peuple de vile multitude. Espérons surtout que tous les abus tomberont pour toujours et que des réformes salutaires seront opérées.

—Ne croyez pas que j'aie l'intention d'exciter la haine entre les diverses classes : loin de moi une pareille pensée ! Je désirerais au contraire vivement que l'on reconnût les erreurs, les abus, et que, les foulant généreusement aux pieds, on ne fût plus dorénavant qu'une grande famille où règneraient des relations justes et bienveillantes. Pour cela, soyons ou devenons tous démocrates sincères. Point d'arrière pensée. Devenons vertueux. — La vertu vous effraie, peut-être ; et si vous souleviez du pied les ronces qui sont à la surface, vous trouveriez aussitôt des jouissances ineffables et perpétuelles.

—Tout ce qui a été dit dans cet opuscule n'a que ce but : de rappeler les hommes à la droiture et d'essayer de démontrer que la forme de gouvernement qui seule peut supporter un examen logique et consciencieux, est celle du gouvernement démocratique.

Rangeons-nous donc tous loyalement sous le drapeau de la République et marchons ensemble dans la voie du bien.

Et ne reculons pas, si nous ne voulons nous précipiter dans l'abîme qui s'ouvre non loin de nous. C'est le moyen de conjurer l'orage qui gronde sur nos têtes. C'est la planche de salut.

Rodez, Imprimerie de RATERY, rue Neuve.

9 782012 473140